LE GUIDE PRATIQUE DU
HO'OPONOPONO

LE GUIDE PRATIQUE DU
HO'OPONOPONO

LA MÉTHODE HAWAÏENNE
POUR ÊTRE MAÎTRE DE SA VIE

Sommaire

Origines et histoire

Développement personnel

Usages et quotidien

Le Ho'oponopono, la nouvelle voie du mieux-être

Vous êtes stressé, irritable, sur les nerfs ? Vous en voulez à la terre entière quand ça ne fonctionne pas comme vous le voulez ? Vous êtes rancunier et capable de ruminer pendant des semaines (des mois ?) quand vous en voulez à quelqu'un ? Vous vous sentez accablé par les événements qui jalonnent votre existence et êtes convaincu d'être poursuivi par la malchance ? Vous voulez tout simplement trouver un chemin nouveau vers une sérénité réelle ? Et si vous mettiez une dose de Ho'oponopono dans votre vie ? Ho'oponopono ? Une méthode de pardon et de repentir utilisée traditionnellement en Polynésie pour harmoniser les relations entre les membres des tribus. Remise au goût du jour, cette méthode peut réellement changer votre vie. Comment ? En vous permettant de prendre de la distance par rapport aux événements, aux contrariétés, en vous apportant sérénité et harmonie. Mieux encore, avec le Ho'oponopono, vous allez pouvoir changer votre quotidien. Les problèmes ? Envolés comme par magie. Les conflits ? Disparus. Les relations ? Plus harmonieuses. Tentant, non ? Est-ce pour autant une méthode miracle ? Non. Le Ho'oponopono fonctionne seulement si vous êtes impliqué totalement dans la démarche et dans votre vie : être responsable et ne plus se cacher derrière des excuses ; abandonner ses principes et ses blocages mentaux ; s'ouvrir pleinement aux autres mais aussi à soi-même; libérer son âme, son corps, son esprit ; vivre dans le présent, pour le présent, sans ressasser ni anticiper. Tout cela devient possible, et c'est même votre planche de salut. Répétez le mantra du Ho'oponopono : « Je suis désolé. S'il te plaît, pardonne-moi. Je t'aime. Merci », et découvrez comment la méthode du Ho'oponopono peut vous amener au bonheur. Attention, le Ho'oponopono est une méthode qui vise à vous apporter beaucoup de bien-être. Ce n'est en aucun cas une voie thérapeutique. Tous les troubles, physiques ou psychologiques, nécessitent une prise en charge médicale.

Origines
et histoire

Qu'est-ce que le Ho'oponopono exactement ?

Derrière ce nom difficile à prononcer et à mémoriser se cache une méthode ancestrale utilisée par de nombreux peuples du triangle polynésien. Le but ? Améliorer son quotidien en nettoyant son esprit de tous les parasites inconscients qui le gênent.

Ho'oponopono ? L'appellation peut – dans un premier temps – prêter à sourire ! Pourtant, derrière ce mot rigolo se cache une méthode très sérieuse et qui connaît ces dernières années un engouement assez remarquable dans nos sociétés occidentales, en mal de sérénité, il faut bien le reconnaître. Cette sorte de philosophie de vie est ancestrale et pratiquée depuis des millénaires par de nombreux peuples vivant en Océanie. Dans sa version plus « diffusée » et connue aujourd'hui, elle nous vient plus directement des îles baignées par l'océan Pacifique, que ce soit la Polynésie française ou Hawaï. Littéralement, *Ho'oponopono* peut se traduire par « remettre en ordre » ou « rétablir un équilibre », *pono* étant parfois assimilé au sens d'« espoir, espérance », plutôt relié au sens de « moralité, équilibre » ou « actions justes ». Dans tous les cas, on comprend assez facilement que le Ho'oponopono est une philosophie de vie. En effet, dès ses origines, cette pratique est associée à une amélioration de l'individu en tant que tel mais aussi de ses relations avec les autres. Être « meilleur » et par conséquent mieux vivre en société, voilà en gros ce à quoi on peut prétendre quand on pratique le Ho'oponopono. Traditionnellement, la pratique du Ho'oponopono se faisait au sein de la tribu sous la direction d'un référent particulier. Ce référent, sorte de chaman ou de guérisseur (à Hawaï, il s'agit d'un *kahuna*), faisait aussi office de médiateur puisqu'il mettait en relation les différents intervenants en cas de conflit. Guérisseur ? Religieux ? Dans cette forme de pratique ancestrale, la limite est effectivement ténue entre le réel et le sacré. Pour autant, le Ho'oponopono tel qu'on le pratique aujourd'hui de ce côté du globe ne demande ni un engagement à une forme de religion particulière ni la présence d'un médiateur. Le but du Ho'oponopono est au contraire de parvenir à un état de sérénité plus avancé, de puiser en soi pour trouver des réponses. Car si le Ho'oponopono donne les moyens de parvenir à ce bien-être supérieur, en aucun cas la pratique peut se substituer à un travail personnel qui permettra de développer des qualités comme l'humilité ou le repentir.

Des principes d'apparence simple

Ho'oponopono ? Il n'y a pas de méthode d'apparence plus simple ! Plus concrètement, le principe consiste à répéter une sorte de mantra dans le but de faire place nette. Quel mantra ? Il s'agit de répéter quatre petites phrases toutes simples qui sont les suivantes : « Je suis désolé(e). S'il te plaît, pardonne-moi. Je t'aime. Merci. » Ces quatre phrases peuvent être répétées autant de fois que nécessaire, quel que soit l'endroit où l'on se trouve ou ce que l'on fait, à la maison, au bureau, en balade. Elles peuvent être dites à voix haute, mais pas nécessairement. L'important est de pratiquer de façon la plus investie possible. Francesca, professeur de musique classique, pratique le Ho'oponopono de façon rituelle, le matin, en buvant son thé. Elle dit avoir besoin de ce moment pour démarrer sa journée en se sentant « vierge » de toute tracasserie passée. Jérôme, lui, un jeune cadre toujours en déplacement, préfère pratiquer quand il *« en ressent le besoin »,* sans programme préétabli. Il profite parfois d'un moment de calme pour évacuer le stress accumulé ou pratique avant un rendez-vous important, pour se sentir plus serein pendant l'échange. Ces petites phrases auraient-elles un pouvoir magique ? « Je suis désolé(e). S'il te plaît, pardonne-moi. Je t'aime. Merci. » Derrière chacune de ces phrases, l'intention est en fait la même : se repentir. En clair, énoncer cette formule (qui n'est pas magique) permet, en demandant pardon, de se libérer de tout sentiment négatif. « Désolé » est ainsi une façon de reconnaître son implication totale dans la situation (sans pour autant que l'on se sente coupable de quoi que ce soit, évidemment). « Pardon » entre ensuite en action dans un processus de remédiation. Demander pardon est en effet extrêmement libérateur. L'idée est de demander pardon pour pouvoir aussi remettre les compteurs à zéro en quelque sorte. « Merci » est également une forme de remédiation assez puissante. On remercie d'avoir la possibilité d'agir. Enfin, dire « Je t'aime » est une façon d'atteindre la plénitude. Ce « Je t'aime » s'adresse à soi-même, ou plutôt à son moi profond (appelé « divinité » par certains auteurs).

Une pratique plus ardue qu'il n'y paraît

Répéter quatre phrases (ou moins, avec un peu de pratique, on peut se contenter de dire « Je t'aime » et « Merci ») et atteindre le Nirvana ? Sur le papier, cela paraît quand même un peu trop beau pour être vrai ! Dans les faits, la méthode Ho'oponopono est beaucoup plus complète et complexe que cela. Se contenter de réciter le mantra comme on réciterait ses tables de multiplication ne produirait sans doute pas l'effet escompté. Pour pouvoir ressentir les bénéfices positifs de la méthode Ho'oponopono, il faut faire un travail sur soi, avoir une démarche mentale et psychologique d'abandon, de lâcher-prise et de réelle envie de pénitence. Sans cela, difficile d'espérer plénitude et bien-être. Dans *Le Grand Livre de Ho'oponopono*, les auteurs (Luc Bodin, Nathalie Bodin et Jean Graciet, chez Jouvence) expliquent ainsi la mise en condition nécessaire à la pratique : *« Derrière chaque situation, chaque événement, chaque rencontre qui survient dans votre vie se cache une mémoire. Le but de Ho'oponopono est de vous libérer de tout ce qui peut faire obstacle dans votre vie et qui peut être source pour vous de douleur, de peine ou de souffrance. La pratique doit vous conduire à un état "zéro", c'est-à-dire un état de "vide" dans lequel le mental a totalement laissé le contrôle à votre partie divine afin que vous soyez dans l'accueil de son message, dans ce qui est communément appelé l'inspiration. Le but est de demeurer dans cet état le plus souvent possible afin d'être dans l'accueil en permanence.* » De fait, les adeptes pratiquent en veillant toujours à intégrer les valeurs véhiculées par le Ho'oponopono, que l'on parle d'humilité ou de pardon. Il faut y croire, prononcer les mots en leur rendant le poids et la force qu'ils méritent, agir en pleine conscience et se libérer vraiment des carcans de pensée culturels ou éducatifs. Mieux encore, pratiquer le Ho'oponopono est une façon de vivre au quotidien. « *Le Ho'oponopono doit devenir un réflexe de chaque instant de votre vie. Il convient d'accueillir toute chose, aussi insignifiante soit-elle, avec un sentiment de gratitude, de pardon, d'humilité et d'amour* », conclut ainsi Jean Graciet.

Pour aller plus loin : les bonnes lectures !

Le Grand Livre de Ho'oponopono, Sagesse hawaïenne de guérison, Dr Luc Bodin, Nathalie Bodin et Jean Graciet, aux éditions Jouvence.
Peut-être l'un des ouvrages les plus complets et les plus abordables sur le Ho'oponopono, écrit à six mains par un médecin, une consultante en pratiques énergétiques et un praticien de PNL.
Zéro limite, Joe Vitale et Hew Len, aux éditions Le Dauphin blanc.
Ce livre est un best-seller dans son domaine. Il présente le Ho'oponopono modernisé et revisité par ces charismatiques auteurs.

Des origines multiples et des socles communs

Des confins des temps et des terres nous parvient un art qui prône quiétude et bonheur. Le Ho'oponopono est un rituel hawaïen de pardon et de purification mentale qui a jalonné des siècles d'histoire et de civilisation polynésiennes.

Le Ho'oponopono est une pratique ancestrale qui exprime l'absolue nécessité d'évoluer en harmonie avec soi-même mais aussi avec les autres, la nature et les esprits. Il s'inscrit dans la perpétuation de rites chamaniques hawaïens pratiqués depuis des millénaires. Dans l'Antiquité, le Ho'oponopono servait avant tout à résoudre les problèmes communautaires. Ainsi, les villageois se réunissaient sous l'égide du chaman pour se demander mutuellement pardon. Les causes d'un conflit étaient énoncées et les offenses discutées. Pour réfléchir aux confusions émotionnelles et aux maux causés, les fautes de chacun devaient être considérées. Venaient alors la reconnaissance de ses fautes et les repentirs mutuels. Les conflits étaient dès lors dénoués et les mauvaises pensées dissoutes. Le village regagnait sa sérénité. Lorsque la situation était éclaircie, tous les participants de la séance de Ho'oponopono se retrouvaient lors d'une cérémonie festive où l'on dégustait une plante aquatique, la zostère, symbole du lâcher-prise réussi. Puis, les anciens Hawaïens se sont intéressés aux maladies qui, croyaient-ils, devaient également provenir d'une disharmonie. Dans la culture hawaïenne séculaire, les maladies étaient inhérentes aux sentiments de culpabilité. Le Ho'oponopono est donc devenu un art thérapeutique. Si l'on peut parvenir à la cohérence communautaire, pourquoi ne pas connaître l'équilibre intérieur avec la même méthode ? C'est donc toute une société qui évoluait au rythme du Ho'oponopono, préconisant la réconciliation avec soi-même et avec les autres. Peurs, émotions, maladies, croyances, expériences… tout était résorbé par le Ho'oponopono. C'était une philosophie de vie qui rendait tout individu autonome et responsable de son entité au sein d'un groupe. La structure de la civilisation hawaïenne reposait sur ce maintien cohérent et permanent de l'amour, de la paix et de l'harmonie. Cette civilisation, et par là même le Ho'oponopono, a pu perdurer des siècles durant grâce à l'isolement géographique de la Polynésie et aux contacts incessants des îles entre elles.

S'agit-il de spécificités insulaires ?

Dans toute la Polynésie, on observe des traditions, des légendes et des croyances identiques avec néanmoins quelques variantes. Le point commun de ces populations est un chamanisme qui enseigne l'attention, les sensations et l'écoute. Chamanisme dans lequel on devient acteur de son existence, que l'on adapte dans son quotidien grâce au Ho'oponopono. Même s'il est d'origine hawaïenne, le Ho'oponopono était traditionnellement pratiqué sur la plupart des îles du Pacifique Sud. On pense qu'il pacifiait les rapports entre ces îles. Si leurs cultures diffèrent, le rituel leur est commun. D'une manière générale, beaucoup de cultures polynésiennes croyaient qu'un mauvais comportement personnel était la cause des maladies. Pour certaines populations, cela fâchait les dieux, pour d'autres, cela attirait les mauvais dieux. D'autres encore étaient persuadées qu'un mauvais comportement parental provoquait la maladie de l'enfant. C'est le cas des îles Salomon et des îles Cook. Ainsi, sur les îles Vanuatu, les habitants pensaient que les maladies survenaient à cause de la colère et ils s'imaginaient que seule la dissimulation donnait son pouvoir à la maladie. Un de leurs sages a d'ailleurs dit : « *Si tu es fâché durant deux ou trois jours, un malaise ou une maladie apparaîtra.* » Si les croyances quant aux déséquilibres divergeaient d'une partie à l'autre du Pacifique, la pratique du Ho'oponopono traditionnel était toujours la même et toujours dirigée par un ou une *kahuna*, « prêtre guérisseur ». Chacune de ces cultures a su l'adapter à ses croyances et à ses traditions. Sur l'île Moloka'i, par exemple, une fois le rituel achevé, on posait sur les épaules des rivaux des colliers tressés avec des fruits. Sur l'atoll de Pukapuka, il était d'usage d'organiser des confessions publiques afin de déterminer, dans la concertation avec l'ensemble de la famille ou du village, le meilleur chemin vers une guérison physique ou psychique. Aujourd'hui encore, on rencontre le Ho'oponopono, non seulement à Hawaï, mais aussi à Samoa, Tahiti ou encore chez les Maoris de Nouvelle-Zélande. Quelques adeptes résistent aussi encore en petit nombre dans plusieurs îles polynésiennes.

Les diverses évolutions du Ho'ponopono

Pendant plus de 5000 ans, le Ho'oponopono a régi les sociétés polynésiennes. Mais, en 1820, l'installation des missionnaires chrétiens à Hawaï met un terme à sa pratique. Les chamans ne peuvent donc plus exercer et transmettre leur savoir que dans la clandestinité. Malgré l'introduction d'un nouveau culte, la tradition résista tout en s'accommodant de réalités bouleversantes pour des peuples qui vivaient en autarcie depuis des millénaires. Ainsi, avec plus ou moins de fortune, le Ho'oponopono a perduré. Ce n'est cependant qu'au XXᵉ siècle qu'il sort de la confidentialité. Et cela grâce à une guérisseuse par les plantes, *kahuna lapa'au*, du nom de Morrnah Nalamaku Simeona. Née en 1913 à Honolulu, elle fut choisie pour être *kahuna* et reçu son don de guérison à l'âge de 3 ans. Influencée par son éducation catholique, ses études philosophiques en Inde et son héritage culturel, Morrnah Nalamaku Simeona a renouvelé le Ho'oponopono pour en faire un procédé d'entraide individuel. Elle procura ainsi un nouvel essor à la pratique en la modernisant. Elle fut même conviée aux Nations unies pour présenter le Ho'oponopono comme moyen thérapeutique à l'Organisation mondiale de la santé (OMS). S'ensuivirent de nombreux séminaires et conférences à travers le monde. C'est cependant un de ses élèves, le Dr Ihaleakala Hew Len, qui permit au Ho'oponopono une très large diffusion. Son travail a surtout démontré l'efficacité de la méthode sur des personnes handicapées et des malades mentaux. L'idée nouvelle qu'il promulgue est d'atteindre « l'état zéro » où nous n'aurions ni identité ni souvenirs. La diffusion du Ho'oponopono n'est toutefois pas réservée aux seuls Hawaïens. Un des plus grands spécialistes du marketing sur Internet, Joe Vitale s'est fait le chantre de la méthode. Après sa rencontre avec le Dr Len en 2007, il décide de collaborer avec ce dernier à l'écriture d'un livre, ainsi qu'à une large diffusion sur le Net de ce qu'il considère comme un procédé de guérison non seulement innovant mais également efficace. Des temps ancestraux aux moyens de communication actuels, le Ho'oponopono aura traversé les siècles en évoluant et en s'adaptant aux bouleversements qu'il a rencontrés.

Pour aller plus loin : les bonnes lectures !

Mabel Katz, une des plus grandes sommités dans la culture et l'art hawaïens a publié en 2010 *La Voie la plus facile* aux éditions Le Dauphin blanc. Avec clarté et simplicité, elle y explique comment faire appel à la puissance de notre esprit afin de réaliser nos rêves.

Dans *Vivre avec Ho'oponopono*, paru aux éditions Guy Trédaniel, Nathalie Brodin nous propose de découvrir nos aspirations et de comprendre notre environnement pour, enfin, retrouver l'harmonie.

La tradition polynésienne et ses richesses

Le nom « Polynésie » vient du grec et signifie « îles nombreuses ». Ce vaste groupe d'îles se situe dans l'est et le sud du Pacifique. Et ce sont ses diverses cultures, ses multiples traditions et mythes qui ont fait la richesse de ses peuples.

On considère traditionnellement que la Polynésie forme un triangle entre Hawaï, la Nouvelle-Zélande et l'île de Pâques, les îles Samoa et Tonga et la Polynésie française constituant les autres principaux groupes d'îles. Située en plein cœur du Pacifique, la Polynésie compte cinq millions d'habitants (dont 4,5 à Hawaï et en Nouvelle-Zélande, pour la plupart non-Polynésiens), et 19 entités territoriales dont quatre États souverains (Kiribati, Samoa, Tonga, Tuvalu), et 15 territoires dépendants ou associés (dont Hawaï, la Polynésie française, Wallis et Futuna, l'île de Pâques…). Toutes ces îles partagent un certain nombre de traditions, transmises de génération en génération de manière orale et étant, aujourd'hui encore, considérées comme d'exotiques légendes ou mythes mais bien souvent interprétées par les Polynésiens comme l'histoire véritable de leurs ancêtres. Une histoire assez récente, qui remonterait à environ 1 000 ans avant J.-C. Partis du centre de l'Océanie, de Hawaiki nui, les Polynésiens conquirent d'autres îles comme Hawaï, l'île de

Pâques, les Marquises et la Nouvelle-Zélande. Puis l'arrivée tardive des Européens entraîna un bouleversement sur les plans social, politique et surtout religieux, la curiosité et la naïveté des Polynésiens aidant. Les traditions furent oubliées, la population s'adaptant rapidement au confort du modernisme. Mais toute la richesse de ce peuple réside dans la transmission de l'histoire et de la connaissance à travers les siècles grâce notamment à des chants poétiques et autres légendes racontées à chaque âge de la vie… Chaque tribu, chaque famille préserve ainsi son passé, ses expériences et ses origines. Une sorte de littérature orale, extrêmement riche, qui aborde tous les aspects de la vie matérielle aussi bien que spirituelle : la généalogie des familles, l'origine des mythes et l'organisation de la vie quotidienne. On rapporte même que, dans les diverses communautés, des personnes étaient désignées pour conserver la « mémoire » du peuple. Elles devaient réciter à haute voix les généalogies afin de permettre à cette culture de conserver une identité.

Culture, rites et traditions amies

Si d'un clan à l'autre, d'une île à l'autre, les légendes et autres mythes ont toujours varié quelque peu, suscitant parfois des conflits sources de longues guerres, la culture polynésienne reste pétrie de ses traditions. Peuple polythéiste au départ (le principal dieu étant Taaroa, considéré comme le créateur), les Polynésiens se montrent superstitieux, craignant les esprits et leurs sentences, allant jusqu'à porter du rouge à outrance afin de faire fuir ces mauvais esprits. Toutes ces croyances rythmaient leur quotidien, établissaient les règles, les obligations sociales et les tabous. Le mot *tapu*, déformé en « tabou » par les Occidentaux, conserve aujourd'hui encore toute sa charge menaçante, certains craignant d'attirer la maladie ou le malheur sur eux et leur famille en touchant ce qui est *tapu.* D'ailleurs, chez les Maoris, le nouveau-né ayant toujours été considéré comme excessivement *tapu* du fait de sa provenance du *po*, l'au-delà par le vagin maternel, il reste impensable de laisser le placenta à l'hôpital. En effet, la grand-mère maternelle de l'enfant veille toujours à ce que cette enveloppe prénatale protectrice soit enterrée sur les terres familiales. Puis il sera planté un arbre au même endroit. Ainsi, en Polynésie, nombre de cultures croient qu'un comportement inadapté est la cause des maladies. Par exemple, sur les îles Vanuatu, il est de coutume de croire qu'un écart sexuel, que la colère et autres rancœurs peuvent engendrer plusieurs jours de malaise, voire de maladie, mortelle dans certains cas. La thérapie adoptée ? Reconnaître la faute, pour le malade ou un membre de sa famille, car ce qui demeure caché donne le pouvoir à la maladie. En effet, d'Hawaï aux îles Cook en passant par les îles Salomon et la Nouvelle-Zélande, la croyance veut que les erreurs commises par les parents ou les ancêtres puissent se répercuter sur leur descendance. Et l'harmonie ne peut être retrouvée sans la reconnaissance de la faute et la demande de pardon. D'où la nécessité du Ho'oponopono, venu tout droit d'Hawaï, et de ses mantras « Je suis désolé. S'il te plaît, pardonne-moi. Je te remercie. Je t'aime ».

Le Ho'oponopono, une pratique ancestrale

Le Ho'oponopono est né à Hawaï et s'est transmis de manière orale. Il se fonde sur une croyance selon laquelle toute personne violant un *tapu* ou une loi spirituelle se verra touchée par la maladie et qu'elle n'en guérira qu'en faisant pénitence, soutenue par un guérisseur via la prière ou à l'aide de plantes médicinales. Ainsi, le pardon serait apporté par les dieux ou par l'individu concerné par le conflit. Nombre de familles se réunissaient donc régulièrement afin de « nettoyer » cette culpabilité, les accusations et le manque de pardon. Il était indispensable de réfléchir aux confusions émotionnelles et aux offenses pour prendre en considération les sentiments de chacun et rétablir des liens familiaux distendus, voire brisés, grâce à une sorte de purification spirituelle. Puis venait le temps de la reconnaissance de la faute, du repentir et enfin des pardons mutuels. Une cérémonie festive achevait ce rituel. En 1976, Morrnah Simeona décida d'adapter le Ho'oponopono aux exigences sociales de son temps. Selon sa version, chaque individu est le créateur des circonstances de sa vie. Aussi, tout comportement mauvais resterait gravé dans la mémoire de la personne en faute ainsi que dans celle de son entourage. *« Car la loi de cause à effet sévit sur chaque être vivant à chaque moment, le but principal de son procédé est de se libérer des expériences malheureuses et négatives vécues dans les réincarnations passées et d'effacer sans surmenage les chocs physiques gravés dans la mémoire* », écrit-elle. Et en 1992, le Dr Hew Len, l'ancien étudiant et administrateur de Simeona, pousse son enseignement jusqu'à « *conduire l'homme au statut zéro, où il aurait des possibilités infinies, pas de mémoire, pas d'identité* ». Ainsi, chaque problème ne serait pas la réalité à l'extérieur de soi mais à l'intérieur. Et pour changer cette réalité, on doit commencer par changer soi-même en prenant la responsabilité à 100 % de ses actions, mais aussi de celles de l'autre. Et de se répéter : « Je suis désolé. S'il te plaît, pardonne-moi. Je te remercie. Je t'aime . »

La justice et le Ho'oponopono en Polynésie

Il a été rapporté qu'à la fin du xxe siècle, certains tribunaux polynésiens allaient jusqu'à ordonner comme peine, aux jeunes comme aux adultes, de pratiquer le Ho'oponopono selon la méthode traditionnelle avec leurs familles, sous la direction d'un ancien ». Si la présence d'un juge n'était pas requise pour faire cette pénitence, il fallait néanmoins que le « condamné » soit dirigé par une personne qu'il devait choisir dans une liste de noms suggérés par le tribunal lui-même.

Le Ho'oponopono : les traditions hawaïennes

Que connaissons-nous d'Hawaï ? Une île réputée pour ses plages, ses spots de glisse et ses danseuses ! Mais, bien plus que cela, Hawaï est une île riche d'une culture qui intègre le Ho'oponopono dans ses fondements et son art de vivre.

Quand on pense à Hawaï, on pense plutôt vacances ou décor de rêve pour séries télévisées américaines ! De ce côté de l'Atlantique, en effet, Hawaï reste un territoire encore peu connu, contrairement aux îles qui composent la Polynésie française par exemple. Histoire, culture et traditions sont ainsi souvent méconnues du grand public européen. De fait, Hawaï, qui est la plus grande des îles de l'archipel (qui en compte plus de 130), qui compose le cinquantième État américain, souffre parfois de cette image un peu aseptisée et transmise par le cinéma ou la télévision. Mais ce morceau de terre est bien plus qu'un spot de surf ou un lieu de villégiature pour Américains en mal de soleil et de plages ! Même si, aujourd'hui, l'île s'est obligatoirement calquée sous certains aspects à la mode occidentale, elle n'en reste pas moins héritière d'une culture patrimoniale et sociétale extrêmement riche. Ainsi, les traditions, les rites, la langue ou même les fêtes hawaïennes reflètent encore aujourd'hui à quel point Hawaï est un territoire unique en son genre. Martine, amoureuse de cette île depuis de nombreuses années, explique : « *Hawaï jouit d'une situation géographique privilégiée. Le soleil, la plage, la faune et la flore sont fantastiques, c'est vrai. Mais Hawaï peut apporter bien plus aux touristes qui se donnent la peine de partir à la rencontre des habitants ! Les fêtes peuvent être des moments de rencontre privilégiés par exemple. Il faut vraiment découvrir les Hawaïens et leur culture, car cela vaut tous les couchers de soleil du monde !* » Martine, qui se rend sur son île chérie tous les deux ou trois ans, partage maintenant avec les Hawaïens de nombreuses valeurs, de nombreuses traditions, dont le Ho'oponopono fait intégralement partie. « *C'est une façon différente de voir la vie,* poursuit-elle. *Une vision moins superficielle, moins axée sur l'argent et l'apparence, qui me convient beaucoup plus.* » En se rapprochant ainsi de valeurs comme l'humilité, la simplicité ou encore le pardon, Martine a trouvé un équilibre. Et elle n'est pas la seule. Hawaï, île volcanique située à des milliers de kilomètres de chez nous, peut nous transmettre ses secrets pour trouver le bonheur !

Une culture de légendes et de mélanges

Les contes et des légendes qui se transmettent de génération en génération forgent une culture basée sur l'oralité et les traditions ancestrales. À Hawaï, les légendes sont de tous ordres, elles mêlent histoire du pays et religions et tournent souvent autour des mêmes thèmes : amour, haine, pouvoir, loyauté, etc. Les volcans et les dieux qui les auraient fait surgir des fonds marins occupent aussi cette transmission orale, tout comme les légendes de pêcheurs, fort répandues. La tradition veut que ces légendes soient racontées à la manière de contes lors de soirées, ce qui leur donne une visée éducative pour les plus jeunes qui s'imprègnent ainsi de cette culture. L'une des légendes les plus emblématiques d'Hawaï est peut-être celle des Menehunes, des lutins joviaux dotés de talents architecturaux hors normes et qui d'une flèche pouvaient apporter la paix dans le cœur de celui qui était touché. La paix, mais aussi la morale, le bien et le mal, l'humilité, le calme et la sagesse ; les légendes fourmillent de ces valeurs et sont généralement portées par un message plus ou moins moralisateur, censé instruire et former les générations montantes. Parallèlement aux contes et légendes, il existe à Hawaï une inclination qui pèse de tout son poids dans la tradition et n'est pas sans relation avec le Ho'oponopono, c'est la propension à croire aux superstitions et aux présages. Les Hawaïens sont ainsi convaincus que leurs actions – quand elles sont mauvaises notamment – ont des répercussions sur ce qui peut leur arriver. Porter un *lei* (collier de fleurs) alors que l'on est enceinte ? Passer au-dessus d'un bébé posé au sol ? Emmener un morceau de pierre de lave de la montagne Pelé ? Autant de risques d'attirer la malchance ! Le Ho'oponopono repose sur cette même idée de « justice » – divine ou pas – qui est rendue a posteriori. C'est tout le poids des superstitions qui se mixe à une volonté de rédemption. Mary Kawena Pukui (1895-1986), auteure hawaïenne, rapporte ainsi qu'une croyance récurrente à Hawaï est de supposer que les maladies sont provoquées parce qu'une offense a été commise (envers les dieux ou d'autres personnes). Pratiquer le Ho'oponopono consiste à réparer cette offense et à demander pardon.

La pratique du Ho'oponopono à Hawaï

Toute la culture hawaïenne intègre sur différents plans les principes du Ho'oponopono. Dans la mesure où le Ho'oponopono est une façon de mettre le pardon et l'amour à tous les niveaux de la vie quotidienne, la pratique peut se répéter à l'envi et sans forcément être codifié à l'extrême. Néanmoins, Mary Kawena Pukui, qui a largement contribué à la diffusion de la culture hawaïenne en général et de la pratique du Ho'oponopono en particulier, rapporte des séances de repentir plus codifiées. Cette Hawaïenne, danseuse de Hula et fille d'un guérisseur pratiquant le Ho'oponopono, a enseigné la culture des ancêtres et écrit ou coécrit de nombreux ouvrages sur les traditions de ses ancêtres. Parmi ces traditions, le Ho'oponopono occupe une place de choix puisque Mary Kawena Pukui assistait aux séances menées par son père lorsqu'elle était jeune. Elle explique que, dans la majorité des cas, on faisait appel au Ho'oponopono pour rétablir de bonnes relations au sein même de la famille. Pour ce faire, les membres de la famille se réunissaient autour du guérisseur et pratiquaient le rituel du pardon. Les séances pouvaient aussi avoir lieu sous la houlette des anciens de la famille, le guérisseur étant alors appelé quand le conflit demeurait au-delà du Ho'oponopono. Chaque membre de la famille devait entrer dans un processus de rédemption, demander pardon pour ses propres fautes et pardonner aux autres. Pour ce faire, chacun était invité à se mettre dans un état de spiritualité plus avancé, faire le vide des émotions négatives, réfléchir à ses actes, à ses paroles, à ses pensées, à ses offenses, intentionnelles ou non voulues. La séance était ainsi ponctuée de moments de silence permettant aux initiés d'entrer dans un état de réflexion plus intense. Le but encore une fois étant de nettoyer complètement les pensées de chacun, de libérer les individus de leurs mémoires contrariées, desquelles découlent l'animosité, les rancunes et les mauvaises pensées. Grâce au Ho'oponopono, les membres de la famille parviennent à faire place nette, se libèrent des problèmes et peuvent aller de l'avant. « Je suis désolé. S'il te plaît pardonne-moi. Merci. Je t'aime » résume une séance.

Le collier de fleurs, un symbole fort à Hawaï

Le collier de fleurs (que l'on appelle *Hala lei*) n'est pas seulement un cadeau offert aux touristes en signe de bienvenue comme on le voit dans les films. Le *Hala lei* fabriqué à base de feuilles de l'arbre *Hala* peut avoir une signification bien plus profonde. Pour certains adeptes du Ho'oponopono, porter un collier de fleurs est un signe d'accomplissement. Si le Ho'oponopono a été pratiqué et que les problèmes ont disparu, le collier peut être porté avec fierté.

Le Ho'oponopono dans nos sociétés occidentales

Dans nos sociétés avides de nouveautés et de spiritualité, le Ho'oponopono ne pouvait que recevoir un bon accueil. Plusieurs fois millénaire à Hawaï, son histoire ne fait que commencer en Occident. Souhaitons-lui un essor prospère.

Contrairement à d'autres méthodes de bien-être venues de contrées lointaines et tout aussi ancestrales, le Ho'oponopono ne nous est parvenu en Occident que très récemment. Sa notoriété a connu un essor important, car il ne fait appel à aucun dogme philosophique ou religieux. Certains d'entre nous ont déjà expérimenté quelques recettes de mieux-être prometteuses provenant d'Asie ou d'ailleurs et ont été déçus. La pratique du Ho'oponopono est personnelle et se réfère à l'état d'esprit des individus. Elle n'exige aucun gourou ni maître à penser auquel recourir. C'est un apprentissage et une technique strictement individuels. En partant du principe que nous sommes tous responsables de nos pensées et que nous récoltons ce que nous semons, la méthode propose de pratiquer une intériorisation qui mène à la « guérison ». Cela dépasse de beaucoup nos conceptions occidentales. Mais dans un monde en mutation où il nous semble que rien n'est sûr ni permanent, nous éprouvons le besoin de nous ressourcer. Nous ne sommes certains que d'une chose : la constance de notre identité. C'est sur elle que nous pouvons compter, et le Ho'oponopono nous propose des outils indispensables pour retrouver cette confiance en soi. Cette philosophie de vie voit en chaque problème que nous rencontrons l'émergence d'une mémoire ancienne qui peut nous aider à lâcher prise. Qui n'est, aujourd'hui, pas concerné ? Basé sur l'empathie, l'amour et le pardon, le Ho'oponopono draine des notions et des sentiments qui nous font de plus en plus défaut. De plus, c'est une méthode qui nous vient d'Hawaï, île paradisiaque entre toutes et qui fait ressurgir en nous de somptueuses images : paradis pacifique où les vagues déferlent sur les plages de sable fin bordées de cocotiers, où le soleil embrase de splendides volcans assoupis, où des jeunes femmes accueillantes ornées de colliers de fleurs dansent le « hula » au son d'un ukulélé… On se dit, en observant la sérénité des Hawaïens ainsi que leur cadre de vie, que ce peuple qui pratique le Ho'oponopono depuis des millénaires a sans doute quelque chose de plus à nous transmettre. Quelque chose qui nous ferait leur ressembler…

Des premiers pas assez récents

La diffusion en Occident du Ho'oponopono est due à la chamane Morrnah Nalamaku Simeona. Pour propager Ho'oponopono, elle fonde en 1980 The Foundation of I, Inc. En Europe, la chamane choisit l'Allemagne pour créer l'association Pacifica Seminars et pour nous observer à la loupe. Elle nous a analysés et nous a jugés : *« Les*

Occidentaux sont des cérébraux qui ont bien du mal à mettre leur mental en arrière-plan ». Dès lors, elle n'aura de cesse de parcourir le monde pour proposer et expliquer le Ho'oponopono. Le procédé a été jugé si efficace que la chamane fut invitée à l'OMS en 1983. La même année, il est déclaré « Trésor vivant de Hawaï ». Ainsi promue, la méthode s'est peu à peu répandue en Occident grâce à des formations et des conférences organisées par Morrnah Nalamaku Simeona. Son successeur, le Dr Ihaleakala Hew Len, a poursuivi ses travaux et a popularisé le processus. Aujourd'hui, il est unanimement reconnu comme le meilleur spécialiste du Ho'oponopono, notamment en l'utilisant en thérapie comportementale sur des malades mentaux. C'est aux États-Unis que la méthode s'est tout d'abord propagée dans les années 1980. Puis, elle a gagné l'Europe et le Moyen-Orient. Si ce n'est en Inde, où l'on compte quelques milliers d'adeptes qui prodiguent le Ho'oponopono, l'Asie – terre ancestrale de nombreuses pratiques de bien-être – résiste encore. En France, on estime que c'est en 2005 qu'il a réellement commencé à émerger. En mai 2006, les fans français de la série télévisée *Hawaï 5-0* ont été plus de trois millions à découvrir le Ho'oponopono dans un épisode. Peut-être la série a-t-elle éveillé la curiosité de quelques-uns… Le Dr Len a donné sa première conférence en septembre 2009 à Paris et ouvert un site Internet qui coordonne ses activités. On le voit, la découverte du Ho'oponopono par les Occidentaux ne remonte qu'à quelques décennies et, pourtant, ses premiers pas sont prometteurs. On peut même parler d'engouement pour la méthode si on la compare à d'autres qui ont mis plus de temps à s'implanter chez nous.

Un engouement en devenir

À l'heure de grands bouleversements, planétaires mais aussi personnels, lorsque tout va trop vite ou trop mal, on recherche, dans de nouvelles connaissances ou expériences, des solutions et des outils pour trouver le chemin vers la sérénité. Le Ho'oponopono se révèle être la philosophie adéquate pour combattre le stress et parvenir à cette évolution personnelle. Il reste cependant encore quelque peu confidentiel. On ne pourrait dire avec certitude quel sera l'avenir du Ho'oponopono. Aucune étude sérieuse ne peut dire avec précision combien de gens pratiquent ou enseignent le Ho'oponopono. D'autant plus que la pratique se fait le plus souvent en solo. Néanmoins, on sait qu'aujourd'hui il suscite l'intérêt, non seulement du corps médical mais également de monsieur et madame Tout-le-monde. Quelques coaches en développement personnel se sont récemment passionnés pour le Ho'oponopono et proposent des séances à leurs clients. En Belgique, il existe des formations professionnelles qui donnent droit à un certificat. L'année 2012 a été très riche en ce qui concerne la France. En effet, de nombreux séminaires se sont tenus à travers tout l'Hexagone et les conférences ont réuni de plus en plus de public. On ne compte plus les sites sur

Internet qui lui sont consacrés. Les ouvrages se sont également multipliés. Il existe même des contes et nouvelles sur le Ho'oponopono pour les enfants. Des CD audio sont disponibles. Enfin, un jeu de neuf cartes a été créé. Tous les outils sont mis en place pour une plus large diffusion du Ho'oponopono. Les années à venir seront cruciales : elles nous diront si la méthode a su convaincre. Mais, il y a fort à parier qu'elle est loin d'avoir atteint son apogée. Comme ils l'ont fait pour le yoga, le qi-gong, le tai-chi ou encore le shiatsu, les Français donneront sa chance au Ho'oponopono. Car, contrairement à d'autres instruments d'évolution personnelle, les avantages du Ho'oponopono sont sa simplicité, sa facilité à être intégré dans le quotidien et la non-dépendance vis-à-vis d'un tiers. De plus, il ne demande aucune connaissance particulière ou de pratique physique contraignante. Peut-être sont-ce là les clés de son futur succès…

Le témoignage de Léa sur son approche personnelle

Léa, 38 ans, chargée de mission : *« Il y a dix ans, des amis canadiens m'ont parlé de leur pratique du Ho'oponopono. J'ai eu beaucoup de mal à me renseigner en France. J'avais l'impression qu'il n'avait pas traversé l'Atlantique. À force de persévérance, j'ai enfin trouvé un séminaire qui m'a convaincue. Le Ho'oponopono m'est apparu comme un aboutissement. Enfin, je découvrais le véritable sens de ma vie. J'invite ceux qui, comme moi, ont été abîmés par la vie, à découvrir ce trésor de plénitude. »*

Développement personnel

Ceux qui m'entourent, le Ho'oponopono et moi

Les autres. Moi. Le regard qu'ils portent sur moi. Les conséquences sur ma vie. Leurs actions, mes réactions. Quel est le lien qui unit les êtres en eux, comment trouver sa place sans vivre aux dépens de l'autre ? Comment être soi avec les autres ?

Un regard de travers du patron, un ado en pleine crise qui vous rejette, un voisin hystérique, une amie en dépression… Chaque jour, et ce depuis le premier, la vie d'un individu passe par celle des autres. Ceux qui l'entourent. Au travail, en famille, entre amis. Chacun guette la réaction de l'autre par rapport à ses actes, sa façon d'être, de se comporter dans une société où il est quasi impossible de se cacher : ne pas décevoir ; ne pas agacer ; plaire ; forcer l'admiration, le respect ; être aimé, apprécié pour et à travers ce que l'on est. Mais aussi venir en l'aide à l'autre ; le tirer vers le haut sans sombrer soi-même ; exister et être jugé de la bonne manière, renvoyer l'image que l'on souhaite à son entourage au risque de plonger dans un mal-être profond, de ne plus comprendre les autres, de ne plus se comprendre soi-même, jusqu'à se perdre complètement. « *Mon ex-mari et moi formions un couple heureux,* explique Marie-Emmanuelle. *Du moins en apparence. Nos amis enviaient notre vie, nos familles nous citaient en exemple. Nous devions toujours susciter l'admiration, la reconnaissance. Jolies tenues, belle voiture, enfants bien élevés. Mais j'avais l'impression de vivre en façade. Ma vie me faisait penser à un flacon renfermant un parfum putride. Je ne me reconnaissais plus, pire, je ne m'aimais plus. Et les autres, encore moins ! Je déclenchais à volonté des scènes de ménage, je créais des conflits aux repas de famille. C'était devenu si étouffant que seuls les cris et les larmes me faisaient me sentir vivante. Je n'en pouvais plus de cette perpétuelle recherche d'excellence, de reconnaissance. Plaire aux autres et plus à moi ? Non, j'ai tout plaqué, mari, enfants, parents. Et en perdant tout, je me suis retrouvée moi. J'ai repris des études, je suis devenu psy, bien loin de la chasseuse de têtes qui roulait sur l'or. Et m'être venue en aide à un certain moment de ma vie me permet aujourd'hui d'aider les autres, à se comprendre, se trouver ou se retrouver.* » L'important serait donc de connaître et d'affirmer sa personnalité avant même de la soumettre aux autres ? Et pour finir de former un moi avec ces autres.

Toi + moi + tous les autres = moi

Le Ho'oponopono nous enseigne que le moi est un tout avec l'autre. Et que le développement et l'accomplissement personnels passent avant tout par l'autre. Une conviction que tous les individus sont unis en un seul être universel. Une sorte de responsabilité à 100 % de ce qui arrive dans notre propre vie, certes, mais aussi dans celles des personnes qui nous entourent. C'est pour cela qu'en travaillant sur soi, en prenant soin de soi, les bénéfices d'une pensée positive iront à tous. Il n'est pas question pour autant de se sentir exagérément responsable des autres, le mieux étant d'être responsable à 100 % de soi-même, l'individu étant considéré ici comme un ensemble de mémoires douloureuses ou heureuses de soi, mais aussi de ses ancêtres. Savoir demander pardon pour des actes odieux commis par un aïeul que l'on n'a même pas connu ; se nettoyer, se purifier par rapport à ses propres actes, à ceux des autres mais aussi auprès de soi et des autres – un peu à la façon d'un ordinateur qui vide la corbeille de manière régulière si son utilisateur ne le fait pas de lui-même. Nous devons nettoyer et re-nettoyer nos vieilles mémoires qui jouent et rejouent avec notre présent afin de lâcher prise et de trouver enfin la sérénité avec et non plus face aux autres. Fabien, qui a découvert le Ho'oponopono il y a environ deux ans, nous explique : « *Chaque rancœur, chaque haine, jalousie, amertume, chaque peur, colère est une nuisance au bien-être. Il s'agit là d'émotions néfastes, perturbatrices, qui finissent par occulter la bienveillance et la compassion pour l'autre. Nos états d'âme se répandent en nous, certes, mais aussi autour de nous, jusqu'à atteindre des personnes dont on ne soupçonne parfois même pas l'existence. Il nous faut apprendre le pardon. Pardonner aux autres pour le mal qu'ils ont pu nous faire et se pardonner à soi-même pour les reproches que l'on s'inflige. Il faut faire preuve d'humilité pour y parvenir mais plus l'émotion négative s'apaise, plus le conflit à l'autre s'éloigne, et plus notre être dans son entier retrouve la quiétude.* » La clé du bonheur serait-elle donc de s'aimer soi pour aimer les autres et d'aimer les autres pour s'aimer soi ?

Peut-on exister en dehors des autres ?

Ce rapport à l'autre est-il réellement indispensable au bien-être ? Est-il possible de passer outre le regard et l'approbation des autres ? Peut-on apprendre à se passer de la reconnaissance de l'entourage ? De ce besoin de plaire, d'être vu, remarqué, aimé ? Si le Ho'oponopono nous apprend à faire un tout avec l'autre, à prendre en compte nos mémoires passées pour améliorer le présent, que faire si l'on ne voit que jalousie, haine, mépris dans le regard des autres ? Ne vaut-il pas mieux dans ce cas faire abstraction de ces personnes qui influent de manière néfaste sur notre moi ? Est-il possible de s'aimer soi sans se sentir aimé des autres ? A-t-on réellement besoin d'être reconnu pour vivre bien ? À toutes ces questions, le Ho'oponopono apporte un début de réponse, une voie à emprunter. Il s'agirait de transformer le monde qui nous entoure en commençant par soi. Le monde extérieur n'est finalement que le reflet de ce que l'on en fait, de ce que l'on est. « *Lorsque je suis en conflit avec une personne,* raconte Fabien, *je pars du principe qu'une pensée, qu'une émotion négative ne perdure pas si on ne l'entretient pas. Et elle finit par se transformer en émotion positive si on persiste dans cette voie. Avec un peu d'autosuggestion au départ, je commence par m'apaiser par rapport à cette personne, le but étant de finir par l'aimer. Et que cet amour déborde sur elle, la pénètre et la touche en plein cœur. Et selon la loi de cause à effet, cet amour me reviendra forcément un jour ou l'autre. Et s'il ne vient pas de la personne en question, qu'importe, je saurai le trouver chez quelqu'un d'autre…* » Cette méthode simple reviendrait finalement à récolter ce que l'on sème, ne pas faire aux autres ce que l'on n'aimerait pas qu'ils nous fassent. Le plus difficile ici étant certainement de remonter à l'origine lointaine de la situation actuelle. De reconnaître nos erreurs passées par rapport aux autres, d'admettre que l'on ait pu blesser une personne, la faire souffrir. Ou comment accepter les erreurs et les différences de l'autre pour mieux comprendre ses propres lacunes et s'aimer, enfin, tel que l'on est. Et finalement pour mieux être aimé en retour.

Aller plus loin : le plein de bonnes lectures !

Ho'oponopono. Je t'aime, pardonne-moi, je suis désolé, merci, de Sylvie Laflamme, aux éditions La Roue carrée. Une méthode simple pour appréhender le Ho'oponopono. Sylvie Laflamme y explique ce que représente cette technique hawaïenne ancestrale.

Le Moi et le Ça, de Sigmund Freud. En distinguant les trois instances qui vont révolutionner la théorie psychanalytique, le moi, le ça et le surmoi, Freud s'intéresse au sentiment de culpabilité et aux formes de dépendance du moi.

Le poids des événements dans notre quotidien

Une naissance, le décès d'un proche, une promotion, un accident... La vie est faite d'événements, heureux, malheureux, capables de bouleverser toutes nos convictions, tout ce que l'on croyait acquis. Existe-t-il un moyen de mieux s'y préparer ?

Pour vivre rassurés, sereins, nombre d'entre nous aiment à se créer des repères qui jalonnent leur quotidien. L'heure du réveil, de la toilette, des repas, des devoirs des enfants. Une sorte de routine rassurante qui apaise et semble protéger chacun des impondérables de la vie. Un cocon douillet fait d'habitudes et de rituels que l'on maîtrise. Et pourtant, certains événements, dont on a préparé l'arrivée ou non, demandent un lâcher-prise pour être abordés sereinement, de manière calme, la plus à même de ne pas interférer dans notre bien-être. Comment réagir face au mal-être d'un proche, comment préparer l'arrivée d'un enfant sans stress, se tenir prêt pour une réunion importante, adoucir les craintes d'un enfant pour son premier jour d'école, organiser son mariage de manière efficace sans se disperser, suivre son conjoint au bout du monde pour son nouvel emploi sans paniquer ?... Si le Ho'oponopono nous apprend que les événements tiennent un rôle central dans notre vie, qu'ils en font partie intégrante, toute personne pourrait néanmoins gérer les choses différemment, ne plus subir sa vie de plein fouet mais l'affronter, la vivre à sa guise en quelque sorte. Et pour cela, la première chose à prendre en considération est que les événements passés font notre présent. Que nos actes antérieurs, parfois même (souvent) ceux de nos ancêtres, influent sur ce qui nous arrive. Le moi serait alors considéré comme l'addition de nos actions. Ce que l'on commet, certes, mais aussi ce qui nous arrive. Chacun devrait en effet pouvoir expérimenter le monde par le biais de la répétition des mémoires, du déjà-vu, déjà-vécu. Ne pas percevoir un événement, quel qu'il soit, à sa guise mais bien pour ce qu'il est, voir son comment, et surtout son pourquoi. Est-il alors possible de redevenir le maître de sa vie en passant par cette responsabilisation ? Le Ho'oponopono prône finalement de ne pas subir, de ne pas rester passif mais bien de redevenir le principal actif de sa vie, et ce quels que soient les événements qui surviennent, heureux ou malheureux. Comprendre ce qui nous arrive pour mieux se connaître, se pardonner, s'aimer et vivre sa vie sereinement.

La gestion est-elle la solution ?

En hawaïen, *Ho* signifie « cause » et *ponopono,* « perfection ». L'idée revient à retourner à une sorte de page blanche, à réécrire sa vie. Le mental seul ne peut venir à bout de tout, ne peut résoudre les problèmes et affronter les événements, car son travail est celui d'un gestionnaire. Et gérer n'est pas la solution à tout. Le Ho'oponopono enseigne l'art de purifier les énergies suscitées par les événements, de neutraliser les pensées, surtout douloureuses. Il ne s'agit pas là de purifier la personne mais d'éloigner, de chasser les problèmes et les énergies néfastes créées par l'autre, par le lieu ou la chose qui survient. Inutile en fait de toujours vouloir comprendre l'erreur que l'on a commise, l'essentiel étant de s'apercevoir qu'il se passe quelque chose, qu'il y a un problème, qu'il soit physique, mental émotionnel… Et de nettoyer tout ce que cet événement a créé dans notre vie et celle de notre entourage. Pour cela, il faut reconnaître sa responsabilité. Et demander pardon, aux autres bien sûr, mais à soi d'abord. Une méthode simple qui revient à prendre en quelque sorte la vie du bon côté. Mais prendre et admettre sa responsabilité dans ce qui arrive ne signifie pas nécessairement se rendre coupable ou partir du principe que l'on a forcément tort. Un patron qui hurle, un conjoint qui rejette l'autre n'implique par forcément qu'il y soit pour quelque chose. Il est davantage question d'entendre ce qui se passe, de comprendre ce que la mémoire voit, ressent, la façon dont elle se comporte, ce qu'elle décide de faire à l'instant T. L'un des piliers du Ho'oponopono est le pardon. En demandant pardon au « problème » qui survient, on accepte l'idée que ce qui nous arrive est récurrent sur plusieurs générations. Que si un problème surgit, c'est pour nous offrir une chance supplémentaire de l'éloigner, parfois de le chasser, afin de laisser l'amour qui nous entoure se manifester et effacer la mémoire, pour que ce qui est juste et parfait puisse se manifester.

Inutile alors d'accabler, d'ignorer, d'espérer, de se mettre en colère, l'important étant de vivre l'événement sereinement pour vivre sa vie comme elle est et non comme on l'aurait espérée.

Dans les épreuves, quels bénéfices ?

Il est bien sûr évident qu'un événement heureux sera bien plus facile à appréhender qu'un moment pénible telle la perte d'un proche, la maladie… Mais là encore, le Ho'oponopono ne voit en chaque problème qu'une occasion de progresser. Il ne s'agit alors plus d'une épreuve mais d'un moyen d'avancer. Lorsque survient un problème, une mauvaise nouvelle, la personne concernée se met à cogiter, à penser. Elle tente coûte que coûte de supporter le coup dur, de se dire qu'après la pluie vient le beau temps, que des jours meilleurs l'attendent forcément. Et nécessairement, le problème grandit pour parfois mener jusqu'au chaos de l'être, à la dépression. Le Ho'oponopono préfère interpréter un événement, aussi pénible soit-il, comme une nouvelle occasion d'être soi, d'en prendre la responsabilité afin de nettoyer ce problème. Il est alors temps de se demander ce qui se passe en soi pour que cette épreuve surgisse maintenant et de se donner une chance de rectifier les choses. « *Il existe de nombreux outils pour se nettoyer,* explique Myriam, 34 ans, qui a découvert le Ho'oponopono il y a quatre ans. *Le "Je t'aime" est mon préféré. Lorsque je traverse une période difficile, je commence par me responsabiliser quant au problème en lui demandant pardon. Puis je laisse l'amour faire. Il n'est pas nécessaire d'en avoir la pensée pour utiliser le "je t'aime". C'est imparable lorsque mon patron me tape sur le système, même si je suis parfois obligée de le répéter plusieurs fois !* » Si la vie n'est pas un long fleuve tranquille, si elle peut sembler parfois cruelle, il ne faut pour autant tenter de fuir les angoisses qu'elle fait naître en chacun. Il s'agit en fait de comprendre d'où vient le problème, pourquoi il se présente, se répète, et de découvrir une paix intérieure pour mieux l'appréhender. Le Ho'oponopono nous enseigne alors que si nos mémoires sont emplies de haine, d'agonie, d'images néfastes, elles ne proviennent pas forcément seulement de nous, mais aussi de nos ancêtres et de nos familles. Et que nous-mêmes nous transmettons ces mémoires à nos enfants. D'où l'intérêt de les nettoyer, de les effacer pour que chacun puisse affronter les événements de la vie en toute quiétude.

Un petit exercice pour les impondérables

Une mauvaise nouvelle ? Un problème financier ? Cessez de vous torturer. Ne laissez plus votre mental prendre le dessus pour chercher une solution. Commencez par lâcher prise. Le seul moment où le mental intervient, c'est en décidant de lâcher, d'arrêter de chercher. Libérez-vous du problème, laissez de côté toute attente et accueillez l'inspiration. Celle-ci se manifestera par un signe, un mot, un geste qui vous apportera enfin la solution. En attendant, aimez-vous, juste comme ça, sans raison.

Les bienfaits de la pensée positive au quotidien

Je pense bien, donc je suis bien. L'objectif ? Aller mieux, se sentir bien, chaque jour, au quotidien. Le programme ? Commencer par s'en convaincre. Le meilleur moyen d'y parvenir ? Adopter la pensée positive. La clé ? Le Ho'oponopono.

Le mental est cette partie de nous qui cherche en permanence à garder le contrôle, sur ce qui nous entoure, mais aussi sur ce que nous voulons être, nos réactions dans la société : maîtriser nos émotions, tenter de gérer le stress, appréhender le monde qui nous entoure de manière le plus rationnelle possible. Au fil du temps, il a en quelque sorte créé ce que nous sommes, nos pensées, nos valeurs, nos croyances, nos peurs et jugements, jusqu'à construire notre ego, ce que nous pensons être. Notre identité, notre moi. Notre mental analyse, juge, classe. Il s'agit là d'une sorte de défense naturelle face aux diverses situations auxquelles nous devons faire face. Seulement voilà, c'est aussi notre mental qui interprète et qui suscite craintes et peurs face à l'inconnu, l'impromptu, tous ces impondérables de la vie qui déclenchent un système d'alarme et mettent notre mental en alerte. Des peurs bien souvent inutiles, voire totalement irrationnelles. À tel stimulus extérieur (auditif, visuel, émotionnel, olfactif, gustatif…) mémorisé, déjà vu ou déjà vécu, on réagit automatiquement.

Et malheureusement, souvent négativement. Notre mental passe au crible nos expériences vécues, il les analyse, les classe, les filtre, les range pour mieux nous protéger. Il nous a créés ainsi tels que nous sommes, conditionnés à travers notre place dans la société, notre éducation, notre culture, notre religion. Mais la principale faculté de notre mental est la résistance. Cette difficulté à lâcher prise, à accepter ce qui est. Imaginons un embouteillage. Toute personne coincée dans sa voiture va s'agacer, stresser, refuser cette situation qu'elle trouve perturbante. Or cette situation est. Mais le mental la refuse, résiste et crée chez cette personne de l'impatience, de la négativité, un mal-être qui finit par rendre la situation plus pénible encore. Et cette personne n'a pas conscience qu'elle crée elle-même cet énervement. Son mental, en rejetant l'embouteillage, a fini par lui faire plus de mal que de bien. Alors qu'en prenant du recul avant de réagir, les choses auraient pu être différentes.

Le Ho'oponopono, la pensée devient force

Pour comprendre le pouvoir de la pensée, et du mental, il suffit de se placer en observateur de nos réactions conscientes, spontanées, face aux émotions, aux événements, aux diverses situations de la vie quotidienne. Et de se demander ce qui arriverait si soudain le mental n'avait plus son mot à dire. Il ne resterait plus alors que le moi profond, loin de l'agitation que provoque le mental. Et c'est là que le Ho'oponopono intervient : en donnant tout pouvoir au subconscient, cet espace plus profond, où règnent paix sereine et silence, il nettoie le passé, les croyances accumulées dans les mémoires et qui parasitent l'individu dans sa façon d'être. C'est une manière de faire la paix avec son mental pour un meilleur développement spirituel. C'est aussi un moyen d'admettre que chaque personne crée sa réalité, crée LA réalité qui l'entoure et qu'en examinant ses pensées de plus près, en les modifiant parfois, sa réalité deviendra plus paisible. L'idée est en fait de comprendre qu'une expérience, heureuse ou malheureuse, crée une mémoire, qui deviendra par la suite une pensée et qui finira par conditionner son rapport à l'autre. Et c'est justement cela qu'il faut apprendre à changer, à nettoyer. Comment ? En répétant le mantra « Je t'aime, pardonne-moi, je suis désolé, merci », en se convainquant au départ, puis en adoptant finalement l'idée, la pensée, que l'on n'a pas de conflit avec autrui, avec une situation, un objet, un lieu… Pour exemple, une dispute avec un collègue que l'on sait (en tout cas que l'on croit savoir) ingrat et d'une mauvaise foi absolue. Chacun campe sur ses positions, renvoie ses défauts au visage de l'autre, se sent incompris et finit par se murer dans un silence pesant, fait de tensions et autres rancœurs. En ravalant son amour-propre, cet ego qu'a fabriqué le mental, et en se répétant le mantra du Ho'oponopono, il n'est pas rare que toute cette énergie néfaste se transforme peu à peu en une énergie douce, réconfortante, et apporte ainsi la paix dans ses relations à l'autre. La pensée a alors fini par nettoyer la mémoire des expériences malheureuses vécues auparavant avec ledit collègue. La pensée a changé les choses jusqu'ici établies dans le mental.

Adopter la pensée positive pour changer

Avec le Ho'oponopono, on admet donc que l'on fabrique la réalité qui est. Autrement dit, pour changer cette réalité qui nous entoure, il faut commencer par se changer soi-même. Voltaire disait : « *J'ai décidé d'être heureux parce que c'est bon pour la santé.* » Pourquoi ne pas essayer alors de changer ce mental qui voit la vie en gris pour améliorer la santé du corps en éliminant stress, pression et autres craintes de la vie quotidienne ? Il faut adopter la pensée positive : arrêter de voir le verre à moitié vide mais à moitié plein ; prendre la vie du bon côté, voir le bon côté des choses ; être optimiste ; admettre enfin que ce ne sont pas les événements qui se produisent qui créent le malaise, mais la façon que nous avons de les appréhender. Pour cela, le meilleur moyen est de se convaincre que ruminer, ressasser, c'est conserver en soi des pensées toxiques, négatives. La solution étant alors de se libérer de ses émotions néfastes et d'adopter une attitude positive, quoi qu'il arrive, afin de mieux profiter de la vie. Garder ou retrouver confiance en soi, en l'avenir. Selon Bouddha, « *nous sommes ce que nous pensons. Tout ce que nous sommes résulte de nos pensées. Avec nos pensées, nous créons notre monde* ». Autrement dit, penser à l'échec attirerait l'échec. Idem pour la tristesse, la peur. Mais aussi pour le succès, la réussite et toutes ces belles choses que la vie a à offrir. Et pour adopter la pensée positive, il faut commencer par se libérer du poids du passé, guérir les blessures ancrées, pardonner aux autres le mal qu'ils ont pu nous faire pour regagner la paix intérieure. Mais il faut également savoir admettre sa part de responsabilité dans les conflits, être honnête avec soi-même avant de l'être avec l'autre. Il ne s'agirait alors que d'apprendre à penser de la bonne manière ; positiver ; arrêter de cogiter inutilement, d'accabler les autres pour un mal-être dont on est finalement responsable, se concentrer sur ce que l'on souhaite vraiment et dont dépend le bonheur auquel on aspire tant ; enfin, se donner les moyens d'y parvenir sans baisser les bras. Encore une fois, positiver. La bonne nouvelle ? L'optimisme et la joie de vivre sont contagieux !

Ces petits « moi » qui font le moi. Définitions

Conscient. C'est par lui que nous percevons la réalité. Il agit en connaissance de cause. *« Être conscient de la difficulté permet de l'éviter. »* Lao Tseu.
Subconscient. Il fait le tampon entre le conscient et l'inconscient. Il est le siège des instincts. *« L'instinct est l'intelligence du subconscient. »* Najib Ben Seffaj.
Inconscient. Ensemble des éléments psychiques incontrôlés par le conscient, il s'exprime dans les rêves. *« "Inconscient" signifie ce qui s'énonce à l'insu du sujet. »* Vincent Descombes.

Mieux se connaître grâce au Ho'oponopono

S'il n'est pas question de se prendre pour le nombril du monde ou de rentrer dans un délire égocentrique, il est néanmoins indispensable d'apprendre à se connaître, à se recentrer sur soi afin de mieux appréhender le monde qui nous entoure.

S'il y a bien une chose dont on est persuadé, c'est de se connaître. Qualités, défauts, réactions, émotions, ce que l'on aime, ce dont on doit se méfier, ce qui est bon, mauvais pour soi. L'on est même capable de justifier certains comportements vis-à-vis d'autrui en disant : « Oui, je sais, mais je suis comme ça. » Et si tout cela n'était qu'un leurre ? Si finalement, on était autrement ? Si finalement nos réactions n'étaient liées qu'à notre éducation, nos conditionnements sociaux et que notre véritable moi ne s'exprimait que peu, rarement, voire jamais. Si finalement une personne persuadée d'être jalouse ne l'était pas réellement. Cela viendrait d'une mauvaise expérience passée, d'un manque de confiance en elle. Si quelqu'un se pensant généreux n'attendait en réalité qu'un juste retour des choses. Nos réactions ne seraient alors que le fruit de nos expériences passées, de nos souvenirs plus ou mois bons, de la société qui en demande toujours plus, d'exigences qui ne seraient pas les nôtres mais celles d'un monde qui change constamment, d'un monde qui nous sollicite, qui attend de nous que l'on soit ainsi. Pensant connaître son caractère, sa personnalité, il ne serait question que de valeurs, de motivations, d'aptitudes, de protection, d'ambition, de communication. Il s'agirait aussi de plaire, aux autres notamment, même si pour cela il faut se perdre un peu. Lao Tseu, un sage chinois contemporain de Confucius et considéré aujourd'hui comme le père fondateur du taoïsme, a dit : *« Connaître les autres, c'est sagesse. Se connaître soi-même, c'est sagesse supérieure. »* Alors est-ce si difficile de se connaître, sans faux jugements, sans conviction aucune, sans hypocrisie ni exigence ? Difficile, probablement. Essentiel, certainement. Pour justement mieux appréhender ce monde qui nous entoure, mieux comprendre ce qui crée un conflit, une tension, un malaise avec l'autre. Mais aussi et surtout avec soi-même. Se connaître serait alors la clé du bien-être. Mais pour y parvenir, cela nécessite un long travail d'observation : se regarder sans s'admirer, se juger, parfois même se détester. Juste en devenant curieux de soi, et qu'importe ce que l'on constate.

Un long travail d'introspection

Pour apprendre à se connaître, il faut d'abord commencer par laisser de côté son ego. Prendre du recul, en toute objectivité, sans que l'amour-propre, les sentiments prennent le dessus. Sans se mentir, sans vouloir à tout prix correspondre à ce que les autres, la société en général, attendent de nous. En se débarrassant également de toute nécessité matérielle. Pour connaître ses limites, il peut être judicieux de participer à une aventure sportive comme un marathon, une randonnée en montagne, du rafting. Sans oublier la méditation : s'octroyer chaque jour un petit moment de solitude afin de faire le point sur ses réactions, sans se laisser influencer par autrui. Ici, il est essentiel de comprendre que notre conscient a facilement la tentation de céder à nos pensées, à notre mental et à le suivre. C'est de cette façon que l'on devient finalement ce que nous pensons être. En voulant à tout prix garder le contrôle, sans autres possibilités que de subir les effets de nos pensées, principalement lorsqu'elles sont négatives. Ce qui engendre souvent colère, révolte, stress, peur et anxiété. En se plaçant en observateur curieux de ses réactions, de ses émotions, on finit par prendre conscience de son véritable potentiel et de ses limites. Et en se libérant momentanément de ses émotions spontanées, on apprécie à leur juste valeur nos réactions mentales. Et ce recul permet de prendre une saine distance avec soi-même, souvent salvatrice. On devient ensuite de plus en plus familier de soi-même, et si, bien sûr, l'on continue à ressentir, à éprouver des émotions, on ne se laisse plus submerger car l'on a cessé d'en être esclave, en apprenant à se connaître profondément. Cette stabilité finit par apaiser l'individu. Il ne se juge plus aussi durement, s'aime davantage et retrouve aisance, bien-être et paix intérieure. C'est en apprenant à connaître une personne que l'on finit par l'apprécier, et il en va logiquement de même avec soi-même. L'amour de l'autre étant d'ailleurs souvent indissociable de l'amour de soi, c'est en étant serein, « bien dans son corps, ses baskets », que l'on s'ouvre au monde et aux autres. Notre place se trouve alors naturellement et la vie se fait bien plus douce.

Le moi au centre du Ho'oponopono

La pratique du Ho'oponopono vise avant tout la sérénité avec soi-même. La paix commence avec soi et personne d'autre. Une fois en harmonie avec soi-même, on peut accomplir son destin. Autrement dit, en acceptant sa responsabilité, en surveillant ce qui se passe en nous, ce que l'on a de commun avec l'autre, on change notre mémoire mais aussi la sienne, et les relations s'en trouvent transformées de manière positive. Mais n'est-ce pas quelque peu égocentrique que de se croire responsable de tout ? De penser que l'on peut changer les choses en se changeant soi-même. Que les autres nous pardonneront si l'on commence par se pardonner. Pas forcément. Pour exemple, si une personne vient à manifester de la colère, de la rancœur envers nous, plutôt que de se froisser, se vexer à cause d'un ego parfois trop envahissant, il s'agit justement de mettre cet ego de côté et de se remettre en question. Qu'a-t-on fait pour susciter chez cette personne un tel sentiment ? En cherchant en soi la solution à ce problème à travers notre passé, commun ou non, nos mémoires diverses, heureuses ou malheureuses, on comprendra pourquoi cette personne nous en veut. Et il sera alors plus facile de lui demander pardon car l'on se sera pardonné à soi-même auparavant. Plus facile aussi de ne pas réitérer ce qui l'a mise dans cet état néfaste à notre relation commune. La solution au conflit naissant sera alors passée par une grande introspection, une remise en question, par notre moi. Bien sûr, notre tradition judéo-chrétienne, notre éducation et certains conditionnements que la société nous a imposés dès notre plus jeune âge tendent à nous pousser vers l'autre avant de penser à nous. À lui tendre la main, lui venir en aide, lui pardonner ses erreurs, l'accepter comme il est, avec ses différences, ses défauts, ses craintes. Mais la démarche n'est ici pas si différente. Le Ho'oponopono nous apprend finalement que l'amour de l'autre passe avant tout par l'amour de soi. Et que cet amour est essentiel pour vivre mieux, dans la sérénité, la paix intérieure permettant de retrouver la paix avec l'autre et de vivre en harmonie avec le monde qui nous entoure.

J'ai appris à m'aimer grâce au Ho'oponopono

« Depuis que j'ai découvert le Ho'oponopono il y a trois ans, j'applique cette méthode dès que j'en ressens le besoin. J'ai appris à nettoyer ma mémoire de ce qui la polluait. J'ai compris que j'étais capable de me pardonner du mal que j'avais pu faire aux autres, mais surtout du mal que je me faisais en intellectualisant tout, en voulant toujours garder le contrôle. J'ai retrouvé la paix intérieure depuis que je m'aime. Sans prétention aucune, juste parce que je me comprends enfin. »

Usages et quotidien

Quel poids et quel pouvoir peuvent avoir les mots ?

La langue hawaïenne, « Oleo Hawaii », est l'une des plus anciennes langues au monde. Elle est née voilà plusieurs millénaires et n'a bénéficié d'aucun apport linguistique étranger. Son vocabulaire primitif comptait 200 mots. D'où leur importance.

On le sait, les mots sont dotés d'une forte puissance. Un proverbe hawaïen nous dit : « *Dans le discours, c'est la vie, dans le discours, c'est la mort.* » Cela veut dire que les mots peuvent être soit une source de guérison, soit de destruction. Il nous revient donc de faire attention à nos paroles. Il faut également prendre soin dans la précision que requiert chaque situation. Pour cela, le vocabulaire hawaïen est d'une richesse à nulle autre pareille. La combinaison des 200 mots fondamentaux des temps primitifs a permis la multiplication, presque infinie, d'autres vocables. On compte ainsi pas moins de 64 mots pour désigner la pluie, 33 pour les nuages, 133 pour la maison et 255 pour la seule plante de taro, jadis base de l'alimentation. Les réalités environnementales locales et l'importance des divinités ont influé sur le développement d'un glossaire spécifique. Le poids des mots était tel qu'ils étaient considérés comme sacrés lorsqu'ils s'adressaient aux dieux. Souvent associés aux chants, utilisés comme vecteurs, les mots devaient être prononcés avec détermination, respect et rigueur. Aujourd'hui, les Hawaïens, quand ils parlent l'anglais ou le *pidgin english*, ne peuvent s'empêcher d'y incorporer quelques mots hawaïens tant ces derniers font partie de leur culture orale. Il est également impossible de séjourner sur les îles sans en apprendre quelques-uns, ne serait-ce que le célèbre *Aloha*. Ce mot ne veut pas simplement dire « bonjour » ou « amour ». Sa signification plus profonde est le partage, *Alo* ; « dans la joie », *Oha ;* « de l'énergie de la vie », *Ha*, et « dans le présent », *Alo*. De même que le « O » de *Oleo Hawaii* affirme l'identité et *Leo* se traduit par « dire ». Le mot « langue hawaïenne » signifie donc : « Ceci est réellement Hawaï. » Plusieurs substantifs tendent vers le même concept. Chaque mot est un symbole et son interprétation va au-delà de ce que l'on peut transcrire. La compréhension de la langue hawaïenne exige donc une connaissance parallèle des légendes, de l'histoire et de la cosmologie îliennes. Elle demeure le langage du cœur et de l'âme, celle de tout un peuple.

Redonner du sens aux mots et à la vie

Pendant huit siècles, la langue hawaïenne était la seule langue parlée sur l'archipel et n'était employée nulle part ailleurs. Avec l'arrivée des Européens sur les îles d'Hawaï, la langue vernaculaire a périclité. Aujourd'hui, on assiste à une résurgence de cette langue. Elle a été reconnue comme langue officielle – avec l'anglais – de l'État d'Hawaï, en 1978, et elle est enseignée dans les écoles publiques et à l'université d'Hawaï, ce qui a permis aux habitants de se la réapproprier. Pour la plupart des mots hawaïens, il y a de nombreuses interprétations ou *kaona*, « sens cachés ». Par conséquent, chaque mot a une large gamme sémantique. D'autant plus que les anciens Hawaïens pratiquaient traditionnellement la métaphore, ce qui donnait lieu à de multiples interprétations. L'enseignement écrit a mis un terme à cette richesse dans la mesure où il ne peut être qu'une transcription littérale. La codification de la langue a limité son expression. Et les gammes de sons qui faisaient la spécificité de la langue se sont peu à peu perdues. Aujourd'hui, des groupes folkloriques ont émergé avec l'arrivée des touristes. Ils ont contribué au renouveau de la culture et donc de la langue. Les danses, les cérémonies et les chants traditionnels ont donné un regain de popularité au vocabulaire hawaïen. Et ont permis la renaissance de certains mots enfouis dans les mémoires. Car la danse et le chant ont, pour les Hawaïens, vocation à conter et à illustrer l'histoire des ancêtres, des filiations, les exploits des héros, la beauté des filles et des paysages… L'hawaïen est donc caractérisé par la mémorisation, la récitation et l'appropriation des connaissances. Les mots ont un sens, plusieurs sens, voire des sens opposés. Ils ne peuvent être dissociés de la vision du monde qu'avait la population ancestrale. Ainsi, on s'est aperçu que la langue était restée dans le souvenir des Hawaïens et qu'elle les lie à leur patrimoine. Beaucoup cherchent à renouer avec leur passé ancestral. Se pencher sur leur langue est le moyen d'appréhender leur histoire et leur héritage culturel. Actuellement, avec un million de locuteurs, la langue hawaïenne est la plus parlée des langues polynésiennes.

Une pratique donnant leur force aux mots

Le Ho'oponopono recèle à lui seul la force évocatrice des mots. Tout d'abord, dans sa définition même. En effet, *Ho'o* signifie « commencer une action, faire ou entraîner » et *Pono*, « honnêteté, bonté » ou encore « moralité ». *Ponopono* se traduit par « droit, devoir, juste » et « soigner ». Littéralement, le Ho'oponopono se définit donc comme le « rétablissement de l'équilibre ». Par ailleurs, l'itération des sons est tout aussi significative. Dans la langue hawaïenne, lorsqu'on les répète, c'est qu'ils ont une importance et une intensité particulières. On le voit, les mots hawaïens peuvent revêtir plusieurs sens. Pourtant, selon le contexte où ils sont utilisés, ils dénotent une précision extrême. Que ce soit pour rétablir ou maintenir de bonnes relations familiales ou pour la guérison, on emploie le même mot bien que les buts diffèrent. Arrêtons-nous ici sur les mots usités lors d'une pratique du Ho'oponopono. *Pule* signifie « prière ». Mais ce mot n'a aucune connotation religieuse dans le cadre du Ho'oponopono. Là, il exprime la confession. *E Kala Mai* veut dire « pardon » ou « excusez-moi ». Il sert à rétablir l'état d'harmonie entre les membres d'une famille ou de la communauté. Il s'agit alors d'écouter, de reconnaître le conflit et de s'excuser sincèrement en admettant sa part de responsabilité dans les interactions. *E Kala Mai* donne la possibilité de pardonner à soi-même et à l'univers pour avoir créé cette situation. Le mot prend une dimension moins artificielle, plus naturelle et bienveillante. *Kala* est également défini comme la rencontre avec autrui et la libération. *Mahalo* signifie « merci ». À un niveau spirituel, il fait référence à une bénédiction qui demeure cachée en nous. C'est un merci adressé à l'âme pour avoir réveillé la mémoire intérieure. *Aloha*, outre sa définition vue plus haut, renvoie à une signification plus profonde : une manière très puissante de résoudre tout problème et d'atteindre n'importe quel objectif. *Pani*, nom de la cérémonie qui clôt le Ho'oponopono, est aussi l'expression de la cohésion de groupe. Ici, les mots ne sont pas galvaudés. Ils prennent et reprennent toute leur puissance.

À Hawaï, des mots qui ont plusieurs sens

Les mots ayant plusieurs sens appartiennent au même champ lexical. Par exemple, *Akua* peut désigner un dieu, un esprit mais aussi un fantôme ou un cadavre. *Ohana*, c'est la famille mais aussi la communauté dans son sens large. *Kahuna* peut être soit un prêtre, soit un médecin, ou encore un prophète. Le terme pour les verbes « vivre » et « guérir » est identique : *Ora*. Quant à *tu*, il peut se traduire par : « debout, juste, licite » ou « droit ».

Mieux régler les conflits grâce au Ho'oponopono

Votre quotidien ? Il ressemble parfois à un vrai champ de bataille ! Vous sortez les armes à tour de bras, obligé de vous défendre contre des attaques, de régler des conflits… alors que vous n'aspirez qu'à une seule chose, rester tranquille !

Les situations de conflits émaillent le quotidien. Cela peut aller de l'imprévu contrariant à la guerre des tranchées avec des ennemis « jurés » ! Des ennemis qui peuvent se trouver partout : famille, voisins, collègues… ou n'importe qui d'autre avec qui vous auriez accumulé des rancunes. Vous ne vous sentez pas concerné ? Vous n'êtes en conflit avec personne en particulier ? C'est peut-être ce que vous pensez. En réalité, votre vie est pleine de conflits, qui n'éclatent pas toujours d'ailleurs. Combien de fois avez-vous rongé votre frein devant une situation irritante ? La voiture qui vous coupe la route puis n'avance plus alors que vous avez les enfants à récupérer ? Le fonctionnaire qui refuse de prendre votre dossier en compte parce qu'il manque un papier alors que vous avez dû poser votre journée pour ce rendez-vous ? Les grèves, les imprévus, la mauvaise humeur du chef, la fuite d'eau et le plombier qui tend une facture exorbitante… Combien de fois par jour, par semaine ou par mois vous trouvez-vous dans une situation de conflit, intérieur ou extérieur ?

« *Je suis d'une nature plutôt calme,* explique Nathalie, 40 ans, qui habite Paris. *Je n'ose pas dire quoi que ce soit dans les situations de la vie où je me sens agressée. Mais à l'intérieur je bouillonne, je fulmine, j'enrage. Et après, c'est encore pire, je me déteste de m'être laissé marcher sur les pieds.* » Laisser éclater sa colère ? Voilà qui serait la solution ? Pas forcément. Imaginez encore une fois une situation de conflit banale, telle qu'on en croise régulièrement. Vous êtes en retard et vous repérez une place de parking qui se libère au loin. Ni une ni deux, vous accélérez, mettez votre clignotant et vous retrouvez nez à nez avec une autre voiture. Bang, c'est le choc. Cris, insultes, énervement s'ensuivent avec impossibilité de s'entendre pour un constat. Au final ? Vous êtes encore plus énervé et vous avez perdu beaucoup plus de temps. Sans parler des contrariétés administratives qui vous attendent avec l'assurance et les réparations. En clair, que vous laissiez ou non exploser votre colère, c'est beaucoup de fatigue inutile, de contrariétés stériles, d'énervement qui auraient pu être évités.

Entamer le dialogue, un point de départ

La situation de conflit se caractérise généralement par une situation de blocage. Lequel blocage implique à son tour qu'il n'y a pas ou plus de dialogue. Quand le conflit est ouvert, chacun campe sur ses positions, avec comme seul objectif de faire reconnaître ses droits, son statut de victime et la culpabilité de l'autre. Parfois, l'origine même du conflit est tellement futile qu'elle n'est plus la cause du problème. Si on reprend notre exemple de la place dans le parking qui est à l'origine du conflit, on se rend compte que la situation aurait pu être gérée complètement différemment si le problème avait été abordé en suivant les préceptes du Ho'oponopono. Ainsi, vous auriez pu dès le choc comprendre que votre attitude, celle de prendre la place rapidement, était tout autant sujette à conflit que celle de l'autre automobiliste. Vous auriez pu accepter l'idée que peut-être l'autre automobiliste avait eu la même idée que vous au même moment, et que donc il ne s'agissait que d'un malentendu au départ. Vous auriez pu enfin reconnaître le dommage et chercher à trouver rapidement un terrain d'entente pour les réparations. Vous auriez pu ainsi chercher à instaurer un dialogue, ce qui implique que, dès le départ, vous ne vous soyez pas placé en tant que victime, mais en tant qu'acteur de la scène. Accepter sa responsabilité dans le problème est une façon de désamorcer rapidement le conflit et d'apaiser les tensions. Car on se sent toujours plus en colère quand on est dans une réaction de défense : je me défends, donc tout est permis. Et puis, même si vous aviez vraiment la priorité et que l'autre conducteur était en tort, votre plus grande force ne serait-elle pas d'accorder votre pardon ? Pardonner et aimer, voilà deux façons très simples de ne plus se sentir agressé. Ensuite, les mots sont beaucoup plus faciles à trouver et surtout ils seront débarrassés de la colère (toujours mauvaise conseillère) et de toute émotion nuisible. Une fois le dialogue installé, la résolution du conflit est alors à portée de main, le compromis est possible, la reconnaissance mutuelle des erreurs plus aisée. Le dialogue peut commencer par : « Je suis désolé ».

Le repentir grâce au Ho'oponopono

Accorder le repentir avec le Ho'oponopono, c'est abandonner définitivement le sens que l'on accordait jusque-là à la notion de conflit. Ulrich Emil Duprée explique dans *Ho'oponopono, le rituel hawaïen du pardon* (éditions Contre-Dires) que *« nous sommes habitués à considérer notre monde de façon duelle. [...] Nous considérons exactement de la même manière nos conflits personnels et internationaux. Nous nous voyons nous-mêmes, et nous voyons le conflit. Nous regardons la victime (c'est peut-être nous-mêmes), et nous voyons le ou les coupable(s). Et puis nous disons : "Les autres ont tort", signifiant par là que les autres nous doivent notre bonheur. »* Sortir de ce schéma « agresseur-agressé » n'est pas évident, surtout quand on se sent touché dans sa chair, dans son être le plus profond. La violence de « l'agression » en elle-même rendra la tâche plus ou moins délicate, y compris pour quelqu'un qui a l'habitude de pratiquer le Ho'oponopono. De la même manière, si le conflit vous oppose à une personne qui compte beaucoup dans votre vie, il sera plus difficile de se départir d'émotions qui faussent le jugement et empêchent la purification. Car cela demande alors une énorme dose d'amour, pour dépasser et faire table rase des mémoires passées. Si le repentir est difficile parce que vous n'arrivez pas à vous soustraire au sentiment d'être la victime, mettez-vous à la place de votre agresseur supposé. N'y a-t-il pas une toute petite chance que lui aussi se sente agressé et victime ? « *Ce qui est intéressant,* poursuit Ulrich Emil Duprée, *c'est d'interroger ces personnes que nous tenons pour coupables : ceux que nous rendons responsables de notre mal-être parce qu'ils ont volé notre bonheur, ceux qui nous menacent, nous blessent ou contre lesquels nous opposons une résistance, ceux que nous évitons au travail ou dans la rue ou encore ceux qui simplement nous provoquent. Si vous interrogez ces personnes pour savoir pourquoi elles agissent ainsi, elles vous donneront vraisemblablement l'une des réponses suivantes : "Je fais de mon mieux. [...] Je suis une victime de la société et des circonstances..." En d'autres termes, presque tous les coupables se décrivent eux-mêmes comme des victimes.* »

Exercices pratiques dans la gestion de conflits

Quand vous vous trouvez en situation de conflit ou quand vous sentez que les tensions sont trop fortes avec les personnes qui vous entourent, essayez d'adopter les bonnes attitudes, à savoir :
– préférez le dialogue aux actes ou gestes malheureux, dès que la situation le permet ;
– prenez de la distance (physique et émotionnelle) avec la situation ;
– placez-vous en tant que spectateur de la scène et répétez : « Je suis désolé. S'il te plaît, pardonne-moi. Je t'aime. Merci. »

Améliorer ses relations avec son entourage

Les amis, la famille, le conjoint, les enfants, les collègues, les voisins... l'entourage peut être un formidable soutien et un vecteur d'échanges prometteurs. En revanche, en cas de relations plus tendues, le ciel social peut vite s'assombrir.

Généralement, on s'entoure de gens que l'on aime et que l'on apprécie. Que ce soit les amis ou les collègues par exemple, personne ne nous force à aller vers une personne plutôt que vers une autre. C'est une question d'affinités. Souvent, les attirances sont presque instinctives, comme elles peuvent l'être dans l'échange amoureux. Pourquoi donc chercher à améliorer les relations que l'on entretient avec notre entourage puisqu'elles sont de fait harmonieuses ? Dans un monde qui serait simple et parfait, nous ne serions donc amenés à côtoyer que des personnes appréciées et nous n'aurions jamais, avec ces dites personnes, que des relations enrichissantes, amusantes, relaxantes, gratifiantes... Ces relations seraient peut-être effectivement toujours harmonieuses. Mais comme nous ne vivons pas dans un monde idéal et que ni nous ni nos semblables ne sommes des êtres lisses et d'humeur toujours égale, il peut arriver que malencontreusement les choses se gâtent... y compris avec notre entourage proche. Ajoutez à cela les « parasites », ces personnes qui composent notre entourage sans que nous ayons pour autant d'affinités avec elles, et vous comprendrez facilement que mettre une bonne dose de sérénité dans nos relations ne peut pas nuire à notre bien-être. Cela est d'autant plus vrai que nous partageons des morceaux de vie (ou de temps) de personnes radicalement différentes, soit par leurs origines, soit par leurs caractères, soit par leur vision de la vie. L'éducation reçue par tout un chacun, les convenances mais aussi la politique, le paraître, l'argent, les différences de points de vue liées à l'âge, voilà autant de sujets qui peuvent semer la discorde. Bien entendu, il n'est pas question ici de dire qu'il faut toujours être d'accord avec tout le monde sur tout. Mais il faut pouvoir échanger des idées sans que cela tourne au pugilat. « *On dit que je suis une grande gueule,* plaisante Catherine, 43 ans. *Eh oui, je dis ce que je pense, même si ça ne plaît pas !* » La franchise n'est pas un défaut. En revanche, Catherine aurait peut-être tout intérêt à chercher en elle, au fond d'elle, les raisons de ses réactions excessives. En se demandant pardon par exemple.

Savoir s'entourer, un pas vers la paix

Notre entourage est à notre image. Or, certaines personnes, il faut le reconnaître, ont l'art et la manière de mal s'entourer. Que faut-il en déduire ? Que l'origine du problème n'est pas nécessairement les autres, la fatalité ou le manque de chance, mais se trouve peut-être chez la personne qui a fait ces choix. « *J'ai une amie qui ne sait vraiment pas s'entourer,* explique Méline, 21 ans, étudiante en école de commerce. *Elle a le don pour toujours s'enticher de types qui ne lui apportent que des ennuis. En cours, c'est pareil. Vous pouvez être sûr que, s'il y a un looser dans la classe, elle va s'en faire un pote ! On en rigole parfois. Mais elle me dit qu'elle ne sait pas pourquoi elle est attirée par ce genre de personnalités. Heureusement, elle ouvre les yeux assez rapidement et sait prendre ses distances au bout de quelques semaines.* » Cliché ? Pas vraiment. Nous connaissons tous des personnages comme l'amie de Méline. Des gens qui se traînent de véritables « boulets », qui ont l'air de se complaire dans des relations toxiques, que ce soit sur le plan privé ou sur le plan professionnel. Alors, pardonner et donner de l'amour, oui, mais systématiquement dépenser une énergie folle dans des relations qui font souffrir, est-ce bien nécessaire ? Bien souvent, les personnes qui composent notre entourage sont celles auxquelles nous donnons le plus et nous tenons le plus. Parfois, si les liens sont vraiment trop conflictuels, le plus sage peut alors être de prendre un peu de distance. Tout du moins le temps de récupérer des forces, de façon à pouvoir reprendre ensuite des relations plus sereines. « *Mon frère est toujours en difficulté,* explique Nicolas. *Il manque d'argent, il est toujours au bord du divorce, il a des problèmes avec ses enfants… enfin bref, il me sollicite beaucoup, m'appelle à pas d'heure, et moi je ne sais pas refuser, ni un service, ni de l'argent. De l'autre côté, ma femme me fait des scènes terribles à chaque fois.*

Je me sens prisonnier et très en colère à la fois. Je ne sais même pas à qui j'en veux le plus. » En prenant un peu de distance, Nicolas pourrait réaliser qu'en admettant sa part de responsabilité il aiderait son frère et sa femme.

Aimer même sans partager d'affinités

Vous choisissez généralement vos amis, mais ni votre famille, ni votre chef, collègue ou voisine. Ce qui fait que, au sens large, de nombreuses personnes se trouvent dans votre entourage sans que vous les ayez forcément choisies (tout du moins consciemment). C'est pourtant avec celles-ci, avec les personnes de notre entourage avec lesquelles nous n'avons pas d'affinités a priori, que nous nous devons d'être le plus aimants. Pourquoi ? Parce que le Ho'oponopono nous enseigne que rien n'est dû au hasard, ni les événements, ni les personnes placées sur notre route. Morrnah Nalamaku Simeona, grande prêtresse du Ho'oponopono, a ainsi dit : « *Si nous réussissons à accepter que nous sommes le résultat de toutes nos pensées, émotions, paroles et actions passées et que nos vies et nos choix actuels sont colorés ou ombrés par cette banque de mémoire du passé, nous commençons alors à voir comment un procédé de correction et de rectification peut changer nos vies, nos relations familiales et notre société.* » Rectifier, corriger et diffuser de l'amour, partout. Un amour qui rejaillit forcément sur toutes les personnes de notre entourage. Essayez ce petit exercice tout simple : la prochaine fois que vous serez obligé de rencontrer quelqu'un que « vous n'aimez pas », concentrez-vous sur une photo ou une représentation visuelle et dites : « Je suis désolé. S'il te plaît, pardonne-moi. Je t'aime. Merci. » Il y a fort à parier que la personne qui vous apparaissait si désagréable jusque-là vous paraîtra beaucoup plus charmante. « *Au début de notre relation, avec mon fiancé,* raconte Ève, 26 ans, qui travaille dans une compagnie d'assurances, *j'étais persuadée que sa mère me détestait. C'est bien simple, c'est à peine si elle m'adressait la parole quand on se voyait. J'ai fait un énorme travail sur moi-même et je me suis rendu compte que j'étais assez distante aussi avec elle, par timidité sans doute. Je me suis montrée plus ouverte et nos relations se sont améliorées.* » Essayez, encore et encore. Pratiquez le Ho'oponopono avant chaque rencontre « désagréable », que ce soit en famille ou ailleurs. Vous avez tout à y gagner. Car ainsi, c'est à vous que vous faites du bien.

Pistes à suivre pour de bonnes relations

Même si vous ne pensez pas mal agir, votre attitude peut avoir des conséquences dommageables sur vos relations. Pour pacifier les choses :
- ne cherchez pas à imposer votre point de vue à tout prix ;
- ne vous placez pas toujours en victime (de la société, de la famille...) ;
- ne portez pas de jugement sur les autres, leur façon de vivre, leur physique, leurs choix ;
- ne prenez pas tout au pied de la lettre et si vous faites attention aux mots que vous utilisez.

Le Ho'oponopono dans la vie professionnelle

Le travail, c'est la santé ! Enfin, c'est ce que dit la chanson. En réalité, le travail est souvent une grande source de tensions. La pratique du Ho'oponopono peut apporter de la sérénité dans le monde du travail. Et ce n'est pas du luxe !

En moyenne, on passe près de huit heures par jour à travailler. Autant dire une bonne partie de notre journée et, à l'échelle d'une vie, cela représente un grand nombre d'années. Que l'on ait choisi ou pas notre travail, notre métier, qu'on le subisse, que l'on s'y plaise ou non, que l'on s'y épanouisse, que l'on y souffre, que l'on y gagne sa vie, que l'on y soit exploité… le travail fait indiscutablement partie de notre vie. Plus encore, il est dans notre société moderne une représentation de notre être. Dis-moi quel métier tu fais, je te dirais qui tu es ! La réussite ? Elle passe pour beaucoup par une belle carrière et un salaire à la hauteur des espérances. Paradoxalement, ce travail, au centre de toutes les préoccupations et sorte de Graal de l'homme moderne, est aussi la cause de tous les troubles. Accusé, vilipendé, détesté, il est le souffre-douleur d'une société en mal de repères. Contraintes, stress et obligations, le monde du travail porte le poids d'un monde uniquement basé sur la performance, le résultat immédiat, la rentabilité. Conséquences ? Les travailleurs sont de plus en plus nombreux à développer des maladies en lien direct avec le stress généré par le travail. Un Français sur deux se dit être sous pression dans son environnement professionnel, c'est dire l'ampleur du phénomène. Alors, que faire ? Subir ? Relever des défis toujours plus importants voire inaccessibles ? Courber l'échine et piétiner sa santé pour redonner le sourire à un chef tyrannique ? Non, bien sûr. Non seulement parce que cela ne vous apportera rien (les fruits récoltés auront toujours un goût amer) mais aussi parce qu'il y a d'autres façons d'aborder le monde du travail. Plutôt que de considérer ce labeur comme une pénitence et une punition, on peut – quel que soit notre métier – trouver de la satisfaction dans ce que l'on fait et garder le sourire. Comment ? En s'aimant tout d'abord et en ayant confiance en soi, en ses propres capacités à gérer les situations rencontrées au travail. Puis en pratiquant le Ho'oponopono ! Le but ? Vous libérer des comportements nocifs et répétés qui nuisent à la motivation et vous redonner du cœur à l'ouvrage.

S'épanouir dans ce que l'on fait

D'un côté, il y a ceux qui font ce qu'ils aiment, qui s'épanouissent dans leur activité professionnelle. De l'autre, il y a ceux qui subissent, s'ennuient, voire détestent ce qu'ils font. Des formations inadaptées, des études bâclées, des erreurs d'aiguillage, un manque d'information… les risques sont grands finalement de se retrouver à faire pendant trente ou quarante ans ce qui ne nous correspond pas vraiment.

Ulrich Emil Duprée, maître spirituel formé au yoga, explique à quel point la notion de vocation peut primer dans l'approche de la vie professionnelle : « *Chacun de nous a des capacités singulières. Ces talents sont la contribution particulière au bien de la collectivité. Chacun de nous porte en soi un précieux trésor : sa vocation individuelle. "Vocation" signifie qu'il y a en nous un appel ; tout est en ordre. Nous sommes alors en accord avec nous-mêmes et avec la vie. Notre vie suit un plan, qui est plus grand que nous-mêmes.* » Suivre sa voie ? Trouver sa vocation ? C'est sans aucun doute une solution de choix. Encore faut-il savoir ce qui nous correspondrait. Là encore, Ulrich Emil Duprée donne des pistes : « *Si vous ne connaissez pas encore votre vocation, si vous êtes au chômage ou si vous avez un job qui vous détruit mentalement et physiquement, pardonnez-vous maintenant. Faites un Ho'oponopono. Ayez confiance et faites les quatre démarches. Sortez de l'ombre pour entrer dans la lumière. Aimez-vous et acceptez-vous inconditionnellement, quelle que soit votre situation présente. Dirigez alors conséquemment votre attention sur la solution.* » Peu importe que vous ayez 20, 30 ou 40 ans, si vous trouvez votre vocation, alors vous pouvez croire en vos capacités d'aller au bout de vos envies. En ayant foi en vous et en étant sûr de vos choix, vous serez capable de déplacer des montagnes et même d'entreprendre une reconversion si cela est nécessaire. Ceux qui y parviennent sont transformés sur bien des plans, au niveau professionnel bien entendu, mais aussi sur un plan plus personnel. N'oubliez pas de pardonner et de remercier pour le chemin parcouru.

Des applications multiples au travail

Le Ho'oponopono n'est pas une méthode miracle. Vous ruminez dans votre petit bureau, la tête dans les étoiles ? Avant d'envoyer tout balader pour entamer une reconversion, commencez par appliquer ici et maintenant les principes du Ho'oponopono. Car nous répétons sans cesse les mêmes erreurs, nous nous inscrivons dans les mêmes schémas. Et si vous voulez que votre avenir se dessine sous les meilleurs auspices professionnels, vous avez tout intérêt à revoir au présent votre relation avec le travail. « *Je pensais vraiment avoir la poisse d'un point de vue professionnel,* explique ainsi Karine, 39 ans, aujourd'hui à la tête de sa société de relation presse. *Pendant plusieurs années, toutes les entreprises dans lesquelles je suis passée ont soit fermé, soit réduit leurs budgets, soit carrément déménagé dans un autre département, à l'autre bout de la France ! Comment s'investir quand votre CDI rêvé se transforme en CDD tronqué avec fin de non-recevoir ?* » L'adversité ? Karine a en effet pensé pendant longtemps que tout cela n'était qu'un cruel manque de chance. Peut-être que ce n'était que de la malchance après tout, mais peut-être aussi que, si Karine avait appliqué les principes du Ho'oponopono, elle serait sortie comme « par miracle » de son cercle vicieux. Si elle avait pris conscience qu'elle-même pouvait être à 100 % responsable de sa frustration, si elle avait pu observer la femme qu'elle était d'un point de vue extérieur, peut-être aurait-elle saisi que ces propres comportements l'avaient poussée vers des entreprises peu sûres. Et si elle avait pu bénéficier de la force et du détachement que procure le Ho'oponopono, elle n'aurait peut-être pas été atteinte par ces échecs. Au quotidien aussi, et quel que soit le métier, le Ho'oponopono peut résoudre bien des situations, de la plus anodine à la plus périlleuse. Si vous avez du mal à trouver un compromis quant à la façon de traiter un dossier avec votre collègue, si vous êtes sur la sellette parce que votre société licencie, si vous êtes contrarié parce que vous n'arrivez jamais à donner votre opinion en réunion… quelle que soit la situation, vous pouvez agir.

Quand pratiquer le Ho'oponopono au travail ?

Vous pouvez pratiquer le Ho'oponopono à n'importe quel moment et quelle que soit la nature de votre travail. Il suffit de répéter « Je suis désolé. Pardonne-moi. Je t'aime. Merci » :

- juste avant d'entrer en réunion ;
- avant un rendez-vous ;
- pendant une délibération (pour un avancement par exemple) ;
- si vous êtes en conflit avec un(e) collègue.

Le Ho'oponopono : le bonheur à portée de main

Vous connaissez désormais tous les secrets du Ho'oponopono. Vous savez d'où il vient, ce à quoi il servait, quels points communs il peut avoir avec d'autres méthodes de développement personnel ou avec des techniques psycho-énergétiques. Vous savez ce que vous pouvez en attendre. Vous savez aussi ce que vous ne pouvez pas en attendre (ce n'est pas une thérapie en cas de troubles du comportement ou de problèmes psychologiques, pas plus qu'il ne peut faire office de traitement quelconque en cas de maux, douleur ou maladie). Vous avez pris conscience que votre approche des événements, des autres, de la vie pouvait être différente si vous le vouliez. Vous avez parfaitement intégré que c'était à vous que revenait l'entière responsabilité de tout ce qu'il vous arrivait. Vous vous êtes rendu compte qu'en acceptant la responsabilité totale de votre vie, vous vous sentiez plus libre, que vous étiez un acteur et non un spectateur. Vous ne vous placez plus dans le rôle d'une victime. Vous avez compris que vous pouviez agir sur le présent en nettoyant votre mémoire de tout ce qu'elle pouvait avoir hérité et conservé de négatif. Vous savez dorénavant que c'est en vous libérant de ces contraintes morales que vous pourrez atteindre l'harmonie. Et surtout, maintenant, vous pardonnez. Vous vous pardonnez. Vous

vous sentez plus fort parce que vous pardonnez. « Je suis désolé. S'il te plaît, pardonne-moi. Je t'aime. Merci. » Vous avez mis du Ho'oponopono dans votre vie. Vous répétez le mantra, vous faites quelques exercices, vous agissez différemment. Vous n'êtes plus accablé, vous vous sentez plus léger. Il y a davantage d'amour dans votre vie. Vous donnez plus d'amour. Vous irradiez. Vous vous sentez plus zen. Votre vie vous paraît plus pleine, c'est normal, elle contient plus d'amour. Diriez-vous que vous êtes heureux ? Si oui, c'est que vous avez trouvé avec le Ho'oponopono, la tradition du repentir venu d'Hawaï, votre chemin, votre voie vers la sérénité.

Notes

Auteur : Publicimo

Éditions Edigo
60, rue Vitruve, 75020 Paris
Imprimé par Printer Portuguesa à Rio de Mouro au Portugal

ISBN : 978-2-35933-178-3